AF260060

L'ÉVOLUTION SOCIALE

L'EXISTENCE

DES

CLASSES LABORIEUSES

ASSURÉE

Au moyen d'un système de

RÉPUBLIQUE ARISTOCRATIQUE

PRÉCONISÉ

PAR

E. LEPAGE

En vente à la Librairie Populaire, rue Royale, 13.

Prix : 25 centimes.

ORLÉANS

IMPRIMERIE G. MORAND, RUE BANNIER, 47

1885

L'ÉVOLUTION SOCIALE

L'EXISTENCE

DES

CLASSES LABORIEUSES

ASSURÉE

Au moyen d'un système de

RÉPUBLIQUE ARISTOCRATIQUE

PRÉCONISÉ

PAR

E. LEPAGE

En vente à la Librairie Populaire, rue Royale, 13.

Prix : 25 centimes.

ORLÉANS

IMPRIMERIE G. MORAND, RUE BANNIER, 47

1885

PRÉAMBULE

Un proverbe dit, — et les proverbes sont la sagesse des nations : — « Il est bien difficile de contenter tout le monde et son père. » — Nous voudrions bien tâcher de mettre en défaut ce peu consolant proverbe, — pris dans le sens politique. — Pour être plus explicite, nous désirerions trouver une formule gouvernementale qui pût satisfaire tous les citoyens français, depuis le monarchiste légitimiste, jusqu'au républicain collectiviste. — Au premier abord, cela semble une impossibilité aussi radicale que la quadrature du cercle, et cependant, nous allons essayer, par à peu près, — ce qui est déjà beaucoup, — de résoudre ce problême complexe, laissant à des esprits plus subtils que le nôtre le soin de trouver la solution absolue.

EXPOSÉ

A l'heure actuelle, une évolution sociale, dont on ne peut nier la marche progressive, se produit dans un sens humanitaire auquel applaudissent tous les esprits libéraux : elle tend, cette évolution, à l'amélioration des conditions d'existence des classes laborieuses et des déshérités du sort.

Les hommes se sont comptés et comparés ; ils ont reconnu que ceux qui souffrent et peinent ont le droit imprescriptible de demander aide et assistance à ceux qui jouissent et possèdent, afin d'établir, en quelque sorte, un équilibre relatif.

Comment arriver, sans humilier les uns et sans spolier les autres, à la réalisation de cet état de choses qui s'impose de plus en plus ?

L'inégalité sociale, comme l'inégalité morale, ainsi que l'inégalité physique, est dans la nature même de l'humanité ; les réformes les plus radicales ne la feront jamais disparaître ; seulement, on peut en atténuer les conséquences, et, par exemple, essayer de supprimer la misère.

Par quels moyens ?...

Les adeptes du collectivisme, formule extrême des revendications sociales, demeurent convaincus qu'il n'y aura de pondération évidente que le jour où tout aura été mis en commun, — non par un partage égal de tous les biens et fortunes, — car, alors, l'inégalité primitive pour se reproduire ne serait qu'une affaire de minutes, — mais par l'indivision perpétuelle de tout ce qui existe au profit de tous les existants.

Solution, en théorie, d'une simplicité admirable, mais qui, même lors d'un simple essai de mise en pratique, rencontrerait des difficultés insurmontables.

On ne peut donc, si vite qu'on veuille arriver au but, préconiser ce système, pas plus que s'y arrêter.

Et, vraiment, nous croyons que la liberté individuelle, telle qu'elle existe en somme aujourd'hui, est, à bien des points de vue, préférable à l'espèce de despotisme économique qui résulterait de la mise en œuvre des doctrines collectivistes.

Et, cependant, soulevé par ces théories qu'émettent des esprits plus généreux que pratiques, le flot des revendications sociales monte toujours, d'autant plus qu'elles trouvent, ces théories, des auxiliaires dévoués, sinon convaincus, voire des apôtres exultants parmi les habiles de nos assemblées, lesquels, grâce à elles, escaladent le pouvoir.

Il y a donc là une force puissante dont le bouillonnement sourd croît d'heure en heure !...

Et cette force, latente encore, que deviendra-t-elle, si, comme la lave du volcan, elle brise la croûte du cratère et se répand, engloutissante, sur la Société moderne non préparée à ce cataclysme ?...

De deux choses l'une : ou elle sera victorieuse, et le pays, bouleversé, transformé sans gradations préalables, offrira l'image de la désagrégation la plus complète, abîme dans lequel la Patrie elle-même pourra sombrer ; — ou elle sera vaincue et nul, alors, ne pourra dire à quelles représailles terribles la réaction se livrera !... et, dans ce cas, que deviendra cette liberté pour laquelle sont morts tant de citoyens et pour laquelle ont combattu et combattent encore tant d'esprits généreux ?...

Donc, l'heure presse, il faut, à bref délai, trouver un palliatif qui atténue l'acuité de la position actuelle, en donnant une satisfaction évidente, une assistance réelle à ceux pour lesquels le pain quotidien est un problème chaque jour renaissant, et à qui on montre les larges horizons de l'égalité sociale, sans leur dire par quels chemins on peut y arriver.

Or, parmi ceux là, le moment n'est-il pas venu de chercher quels sont les plus dignes d'intérêt ?...

Et quels sont-ils ?...

Ce sont d'abord ceux qui, parmi les travailleurs ayant femme et enfants, n'ont qu'un salaire insuffisant pour subvenir à leurs besoins ; c'est vers ces enfants hâves et souffreteux, à qui la nourriture et le vêtement font souvent défaut, que doivent se porter nos regards ; car, ce ne sont pas seulement des êtres qui s'étiolent ; en eux, c'est le pays qui s'affaiblit et dégénère.

Puis, c'est le travailleur âgé, vieillard avant l'âge souvent, infirme parfois, usé par le travail et aussi, hélas ! par des excès excusables dans une certaine mesure, et qui n'a su, ou plutôt n'a pu mettre de côté pour les jours sombres de la vieillesse le peu qu'il lui eût fallu pour vivre sans trop d'inquiétude ! ..

Or, nous estimons que pour venir efficacement en aide aux uns et aux autres, il y aurait à créer tout d'abord : une CAISSE DE RESSOURCES pour les travailleurs chargés de famille et, ensuite, une CAISSE DE SECOURS pour les vieillards. Ces deux créations formeraient, en quelque sorte, comme deux points de repère extrêmes sur lesquels pourraient s'appuyer les autres réformes humanitaires à introduire dans notre situation sociale, pour rendre moins appréhensive la vie du travailleur.

Car, en effet, le point essentiel pour ce dernier, c'est de savoir s'il arrivera à élever ses enfants, et ce que, vieux et infirme, il pourra devenir. — Donc, assuré dans une certaine mesure contre ces deux éventualités, il envisagera l'avenir avec plus de calme et saura attendre la transformation économique que notre époque poursuit, et les réformes démocratiques qu'elle comporte.

Mais une question capitale se dresse en face de cette solution : à quelles sources alimentera-t-on ces deux caisses de secours ?

On a déjà demandé au contribuable tout ce qu'il est possible d'en obtenir, et, à l'heure actuelle, où la réduction des impôts est à l'ordre du jour, il est bien difficile d'en édicter de nouveaux.

C'est donc autre chose qu'il faut chercher.

Quant à nous, voici ce que nous proposerions :

— 1º Rétablissement de la particule et des titres nobiliaires, moyennant une patente à déterminer suivant le titre ;

— 2º Réglementation des maisons de jeux et impôts en résultant ;

— 3º Impositions et droits nouveaux à établir sur les courses de chevaux ; tant sur ceux qui font courir, que sur les chevaux eux-mêmes ;

— 4º Etablissement d'un droit d'entrée à la Bourse de Paris ;

— 5º Impôt sur les célibataires âgés de plus de trente ans ;

— 6º Modification de l'impôt sur les successions en ligne collatérale.

Notre première proposition peut paraître anti-républicaine ; nous croyons que, s'il nous était permis d'aller au fond des choses, nous pourrions prouver qu'elle ne l'est pas autant qu'elle paraît l'être : les distances sociales se garderont toujours, même parmi les socialistes les plus collectivi

Cette proposition aura peut-être l'avantage de rallier à l'état de choses actuel quelques monarchistes, qui trouveront ainsi moyen de faire œuvre charitable tout en reprenant leurs traditions ; nous ne serions pas surpris, même, de voir bon nombre de républicains accueillir avec faveur cette disposition ; il serait même à désirer que quelques-uns, laissant là toute fausse modestie, donnassent l'exemple, afin que le nombre des adhérents fût assez considérable pour arriver au but désiré.

Ceci dit, bien que l'art de légiférer ne soit guère dans nos cordes, nous allons, sous forme de paragraphes, essayer de codifier les propositions que nous venons d'émettre.

FORMULES.

§ I. — Dans le but d'atténuer la précarité des Classes Laborieuses dans ce qu'elles ont de plus sacré : l'enfance et la vieillesse, il est institué :

1° Une Caisse de Ressources en faveur des travailleurs chargés de famille ;

2° Et une Caisse de Secours pour la vieillesse nécessiteuse.

§ II. — Pour la Caisse de ressources, voici de quelle façon et dans quelles proportions les secours seront établis :

A tout père de famille ayant un enfant, il sera versé une somme annuelle de . . . . 100 fr.

Deux enfants 150

Trois enfants 200

Quatre enfants 250

et, tout en suivant cette proportion, jusqu'à ce que ces enfants aient atteint l'âge de 12 ans.

Les versements seront faits par semestres et seront de préférence effectués entre les mains des mères de famille.

Une Commission de surveillance, — emploi gratuit, — sera instituée afin de veiller au bon emploi des fonds versés, et, en cas de détournement de destination, les secours seront donnés en nature et non en espèces.

§ III. — Quant à la Caisse pour les vieillards, le secours à donner à chacun d'eux, pourra varier de 300 fr. à 600 fr. par an, suivant la position respective des titulaires et celle de leurs enfants ; à défaut de famille, les invalides pourront être recueillis dans un établissement créé dans ce but.

Ne seront admis à bénéficier des secours précités que ceux dont la position aura été bien et dûment reconnue comme y donnant droit. En cas de modification dans la position pécuniaire du secouru, il cessera de compter au nombre des participants.

§ IV. — Afin d'alimenter les sus-dites Caisses, sont prises les dispositions suivantes :

§ V. — La Particule et les titres nobiliaires sont rétablis, moyennant les patentes annuelles suivantes :

Tout Citoyen électeur et jouissant de ses droits civils pourra s'attribuer, — pour lui seul et sans qu'il en soit fait mention dans les actes, — la particule et les titres nobiliaires dont voici la nomenclature, savoir :

La Particule moyennant une patente de. .   500 fr. par an.
Le titre de Baron   —   ⟶ . 1,000   —
   —   Vicomte   —   . . 1,500   —
   —   Comte   —   . . 2,000   —
   —   Marquis   —   . . 2,500   —
   —   Duc   —   . . 3,000   —

Le titre de Prince n'est pas proposé, de peur de porter ombrage aux cours monarchiques avec lesquelles nous sommes en relations de bon voisinage.

Le montant de la patente de la particule ne se confondra pas avec celle des autres titres ; elle viendra s'y ajouter.

Seront déchus de leurs titre et particule tous ceux qui auront encouru une condamnation leur enlevant leurs droits civils, auquel cas ils paieront, à titre d'amende et comme dernier versement, le double de la somme afférente à la patente du titre.

§ VI. — Les maisons dites de jeux sont rétablies sous le contrôle et la surveillance de l'État.

Une patente de 10,000 fr. à 100,000 fr., suivant les villes, sera payée annuellement par chaque établissement.

Le quart de tous les gains appartiendra au Comité chargé de la gestion des Caisses de secours.

Des réglementations particulières de police régiront ces établissements.

Les amendes qu'ils pourront encourir seront versées au même Comité.

§ VII. — Tout cheval de course, entrant sur une piste, paiera un droit fixe de 100 fr.

Pour ces mêmes chevaux, l'impôt dit de luxe sera triplé ; un tiers appartiendra à l'État, puisqu'il y a droit, les deux autres tiers aux caisses en question.

Aura même destination le quart des paris engagés au sujet de ces courses.

Ainsi qu'un droit de 10 fr. par personne, 15 fr. par voiture, pour l'entrée de l'enceinte du pesage, outre les entrées perçues différemment.

Tout Français qui entrera dans l'enceinte du pesage et voudra parler anglais, se servir de termes anglais, même ne connaissant pas cette langue, ou entrant habillé à l'anglaise, paiera un droit fixe de 5 fr.

Un contrôleur spécial sera attaché à chaque course pour surveiller la perception des droits ci-dessus.

§ VIII. — Un droit fixe de deux francs par personne, visiteur ou boursier, est établi à l'entrée de la Bourse de Paris ; par abonnement, il sera abaissé à 300 fr. par an.

Le droit sera perçu aux grilles du monument ; toute réunion financière autre sera défendue sur la place de la Bourse.

§ IX. — Un impôt dit « des célibataires » sera payé par tous les citoyens âgés de plus de trente ans et n'ayant aucune infirmité les rendant impropres au mariage.

Cet impôt sera de 100 fr. par an.

§ X. — Les droits de successions sont ainsi modifiés :

1° Paieront le droit actuel les successions au 1er degré.

2° Paieront le triple du droit actuel les successions au 2e degré.

3° Paieront le quintuple du droit actuel les successions au 3e degré.

Au delà du troisième degré, toute succession reviendra de droit aux caisses de ressources et de secours.

Les droits actuels de l'État sur ces successions seront diminués de moitié pour le 1er degré, et resteront les mêmes pour les autres ; quant aux sommes revenant entièrement aux caisses, un droit nouveau, à définir, sera établi.

§ XI. — Une Commission de jurisconsultes sera chargée de coordonner et de codifier les précédentes dispositions.

Voilà donc, grosso-modo, notre système exposé. — Nous savons qu'il est aussi imparfait qu'incomplet ; qu'il est discutable et ridiculisable au premier chef ; — mais il a cet avantage, — nous le pensons du moins, — de sortir du domaine des théories philosophiques et de donner un point de départ à la mise en œuvre de cette amélioration sociale que prêchent les pontifes de l'avant-garde prolétarienne.

Ce n'est, par le fait, qu'un essai de pondération sociale, puisque nous demandons à ceux qui ont trop, pour ceux qui n'ont pas assez, et, cela, de manière à ce que les uns et les autres y trouvent en quelque sorte leur compte.

Nous pensons même que les premiers devront préférer notre doctrine à celle des collectivistes, d'autant plus qu'elle se peut appliquer immédiatement sans que la Société en soit ébranlée et sans que les possédants aient à redouter pour leurs fortunes.

Nous déclarons, en outre, que n'ayant aucunement pris de brevet d'invention, nous autorisons tout citoyen français à emprunter telle ou telle de nos formules, et cela sans qu'il ait à redouter d'être poursuivi comme contrefacteur ; au contraire, notre reconnaissance, surtout s'il réussit, lui sera acquise.

Ceux-là même qui sont légèrement sceptiques sont priés de ne voir dans cet exposé qu'une parabole qu'ils pourront traduire en un sens conforme à leurs intimes aspirations.

Quant à nous, pour conclure, nous dirons que notre système de

RÉPUBLIQUE ARISTOCRATIQUE

donnant aide et secours aux déshérités de la fortune, est bien, vraiment, la •

RÉPUBLIQUE DÉMOCRATIQUE

de laquelle nous nous déclarons un des fervents adeptes.

E. LEPAGE.